Bibel-geschichten mit der Maus

Isolde Schmitt-Menzel und Cornelia Keller

XENOS

W0344434

Vorwort

Mit diesem Buch lernen Kinder bereits ab 4 Jahren erste Geschichten aus dem Alten Testament kennen. Erlebnisse aus dem Erfahrungsbereich des Kindes leiten die einzelnen Geschichten ein. Die Figuren Maus und Bär – stellvertretend für Erwachsene und Kind – versuchen in den Geschichten der Bibel Antworten auf alltägliche Fragen und Lösungen von Problemen zu finden. Im Gespräch zwischen Maus und Bär erfahren die erzählten Geschichten eine kindgerechte Interpretation.

Das Buch eignet sich auch zum Vorlesen am Abend, vielleicht in Verbindung mit einem Gute-Nacht-Gebet. Es versucht, Eltern und Kinder zu Gesprächen über religiöse Fragen und Themen anzuregen.

Zur Autorin:
Cornelia Keller, geboren 1961, Religions- und Musikpädagogin, Mutter von zwei Kindern, hat nach einem Weg gesucht, Kindern Geschichten aus dem Alten Testament nahezubringen.

Die Künstlerin:
Isolde Schmitt-Menzel, Schöpferin der beiden Kinderfiguren Maus und Bär, bekannt als Drehbuchautorin und Illustratorin vieler Bücher, freischaffend in Grafik und Bildhauerei, Mutter von 3 Kindern.

ISBN 3-8212-1694-8
Alle Rechte dieser Ausgabe vorbehalten durch XENOS Verlagsgesellschaft mbH
Am Hehsel 40, 22339 Hamburg
© 1994 by Isolde Schmitt-Menzel
Vergeben durch die Lizenzagentur Ingeborg Ahrenkiel, Hamburg
Herausgeber: Ingeborg Ahrenkiel, Hamburg
Illustrationen: Isolde Schmitt-Menzel
DTP-Produktion: Lithos, DTP-Satz, Graphik und Farbgestaltung:
Agentur Art Vanguard, Andreas König, Hamburg
Printed in Italy

Gott erschafft die Welt

War das nicht ein wunderschöner Tag heute, Bär?
Ja, Maus, aber jetzt bin ich furchtbar müde.
Dann laß uns noch unser Nachtgebet sprechen und gleich einschlafen:
Lieber Gott, wir danken Dir für diesen Tag mit unseren Freunden, für die Sonne, die Blumen, den Honig... für alles, was Du so schön für uns gemacht hast.
Maus, woher weißt du eigentlich, daß er es war? Daß er was war?
Na, daß der liebe Gott es war, der alles gemacht hat, die Sonne, die Blumen und so. Das habe ich in der Bibel gelesen. In der Bibel? Was ist das denn?
Die Bibel ist ein Buch, in dem ganz viele Geschichten vom lieben Gott gesammelt sind. Verschiedene Menschen erzählen da, was sie erlebt haben, was sie über Gott denken und wissen oder wie er ihnen geholfen hat. Das klingt gut. Erzähl doch mal so eine Geschichte, Maus! Ich dachte, du bist so müde, Bär? Ach, nur eine Geschichte, Maus! Die Geschichte, wie Gott alles gemacht hat, bitte!

Also gut, fangen wir damit an, das ist ja auch die erste Geschichte in der Bibel. Stell dir vor, Bär. Ganz am Anfang, da war alles dunkel und leer. Da schuf Gott zuerst das Licht. Er nannte es Tag, und die Dunkelheit, die nannte er Nacht.

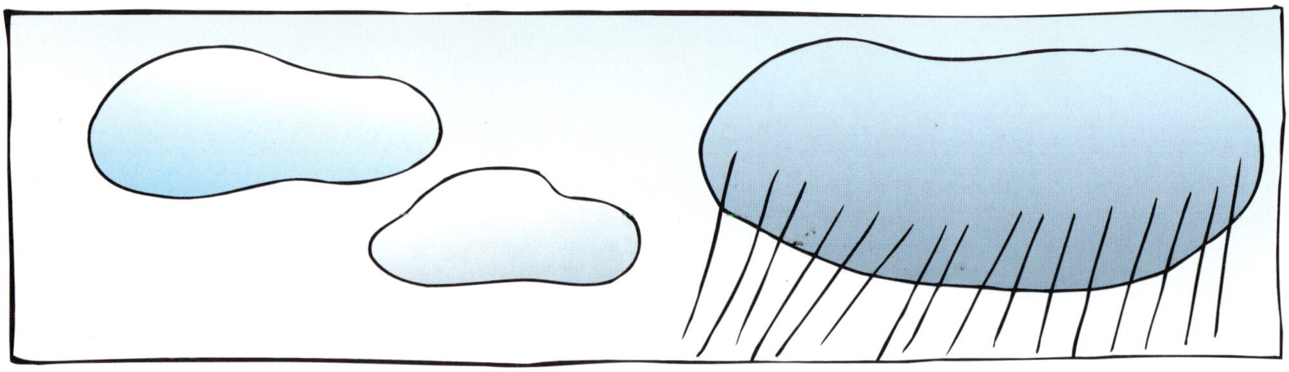

Dann machte er den blauen Himmel und die Regenwolken, und auf der Erde ließ er das Wasser zusammenfließen, und so entstanden die großen Meere, die Ozeane.

Zuerst gab es nichts auf der Erde, aber Gott wollte, daß Pflanzen wachsen sollten, Blumen, Bäume und Büsche mit Beeren daran. Auch Erdbeeren? Natürlich auch Erdbeeren und Himbeeren und all die leckeren Sachen, die du so gerne magst. Und dann? Wie ging es weiter?

Dann setzte Gott die schöne warme Sonne an den Himmel, damit sie am Tage scheinen sollte, und für die Nacht schuf er den Mond und die unzähligen Sterne. Ohne Sonne hätten die Pflanzen ja auch gar nicht wachsen können. Stimmt's Maus? Richtig, Bär! Jetzt konnte es Leben geben auf der Erde.

Zuerst wollte Gott, daß das Wasser wimmeln sollte von Lebewesen. Und da machte er die Fische? Ja, aber nicht nur die Fische. Auch kleine Muscheln und Seesterne und die riesigen Wale, einfach alles, was es an Tieren in den Meeren gibt.

Und dann sollte es auch in der Luft Leben geben.
Da flogen bald Raben und bunte Papageien und all die vielen, vielen anderen.
Schmetterlinge auch, Maus? Ja, Bär, Schmetterlinge auch!
Und wann kommen endlich die Tiere auf der Erde dran?
Moment, Moment, Bär. Du bist immer so ungeduldig! Na, ich warte doch schon die ganze Zeit auf die Bären, Maus. Das kommt jetzt, Bär, denn es sollte auch auf der Erde Lebewesen geben.

Aber natürlich nicht nur Bären. Nein, auch Mäuse. Ja, auch Mäuse und all die anderen Tiere, vom kleinen Floh bis zum riesengroßen Elefanten. So hatte Gott also alles Lebendige erschaffen. Moment mal, Maus, da fehlt doch noch was! So, was denn, Bär? Na, die Menschen! Richtig, da hast du ja gut aufgepaßt! Ganz zum Schluß erschuf Gott die Menschen. Und warum kamen sie erst ganz zuletzt dran, Maus?

Weißt du, Bär, der liebe Gott hatte eine wichtige Aufgabe für die Menschen:
Sie sollten glücklich auf der Erde leben und sich um alles kümmern, was er so schön gemacht hatte.
Ist die Geschichte schon zu Ende? Zunächst schon. Du wolltest doch heute erst einmal hören, wie Gott die Welt gemacht hat, oder? Ja, Maus, die Geschichte gefällt mir auch sehr gut. Aber woher weiß man denn, daß es auch so war? Ich meine, daß es wirklich auch ganz genau so war? Vielleicht kommt es darauf ja gar nicht so genau an, Bär. Das verstehe ich nicht. Wie meinst du denn das? Nun, ich glaube, das Wichtigste bei dieser Geschichte ist, daß alle guten Dinge, die wir haben, von Gott kommen. Das wollten die Menschen, die sie erzählt haben, weitersagen. Alles ist entstanden, weil Gott es so wollte. Auch wir sind da, weil er uns will und uns liebhat, dich, kleiner Bär, mich und all die anderen. Er möchte, daß wir glücklich sind und uns an den schönen Dingen erfreuen, die er geschaffen hat. Da hat sich der liebe Gott ja auch wirklich tolle Sachen ausgedacht. Das finde ich auch. Und nun schlaf gut, mein kleiner Bär, gute Nacht. Gute Nacht, Maus!

Das Paradies

Ach, geht es uns heute gut, Bär. Die Sonne wärmt uns das Fell, die Bienen summen und die bunten Schmetterlinge flattern lustig um unsere Köpfe.
Ja, Maus, fehlt nur noch ein Topf mit Honig, dann wäre es hier wie im Paradies.

Wie stellst du dir denn das Paradies vor, Bär? Na, so ähnlich wie das Schlaraffenland: jeden Tag Sonnenschein, immerzu faulenzen, Bonbons naschen, den ganzen Tag Eis schlecken, nie mehr die Zähne putzen...
Wenn man vom Paradies spricht, Bär, meint man eigentlich etwas anderes.
So, was denn? Erzähl doch mal, Maus.
Gut, Bär: Du erinnerst dich sicher noch an die Geschichte von der Erschaffung der Welt.

Danach lebten die Menschen und die Tiere glücklich miteinander in einem wunderschönen Garten. Sie kannten keine Angst. Hatten auch die Mäuse keine Angst vor den Adlern oder die Gazellen vor den Löwen? Nein, Bär, alle lebten miteinander in Frieden. Sie hatten alles, was sie zum Leben brauchten: saubere Luft zum Atmen, klares frisches Wasser und die Früchte von Bäumen und Sträuchern. Das Wichtigste aber war, daß sie sich Gott immer nahe fühlten. Und warum leben wir nicht in diesem schönen Paradies, Maus? Ich habe jedenfalls Angst vor wilden Tieren, die Luft ist auch nicht sauber, und das Wasser in den Flüssen und Seen ist so schmutzig, daß es den armen Fischen ganz schlecht wird. Ja, leider hast du recht, Bär. Du, Maus, ich habe eine Idee. Wir machen einfach mal dort Urlaub.
Wo denn, Bär? Na, im Paradies, Maus. Das wäre schön, aber es geht leider nicht. Und wieso geht das nicht? Die Geschichte ist noch nicht zu Ende, Bär:

Alles war wunderbar im Paradies. Die Menschen lebten glücklich und zufrieden und ernährten sich von den Früchten im Garten. Nur einen Baum gab es, von dem sie nicht essen durften. Das hatte Gott ihnen verboten. Zuerst ging auch alles gut, denn sie hielten sich an dieses Gebot. Doch eines Tages konnten sie der Versuchung nicht widerstehen und pflückten eine Frucht davon.

Schon beim ersten Bissen fühlten sie, daß sie etwas Falsches getan hatten. Sie bekamen Angst und verkrochen sich. Sie dachten wohl, Gott würde sie nicht bemerken. Aber natürlich konnten sie sich vor ihm nicht verstecken, und als Strafe schickte er sie fort aus dem schönen Garten.
Und nur weil die beiden so ungezogen waren, leben wir heute nicht mehr im Paradies? Das finde ich aber sehr ungerecht. Mir wäre so etwas bestimmt nicht passiert, Maus. Jetzt schummelst du aber, Bär! Darf ich dich an den leergeschleckten Honigtopf in der Speisekammer letzte Woche erinnern? Jetzt fängst du schon wieder damit an. Ich gebe es ja zu. Er roch so verlockend, daß ich einfach nicht widerstehen konnte. Willst du mich etwa noch einmal dafür ausschimpfen?
Aber nein, Bär, ich möchte dir nur etwas erklären: Es geht doch eigentlich allen manchmal so wie den Menschen im Paradies. Gott möchte, daß wir uns für das Gute entscheiden, aber wir schaffen es nicht immer. Wenn es uns gelingt, ist alles gut, weil wir spüren, daß Gott unser Freund ist. Gelingt es uns aber nicht, dann haben wir Angst, Gottes Freundschaft zu verlieren. Weißt du was, Maus? Als ich den Honigtopf leergenascht hatte, ging es mir so ähnlich. Da hatte ich auch schreckliche Angst, du würdest mich vielleicht nicht mehr liebhaben.
Dann kannst du dir ja vorstellen, wie es den Menschen im Paradies ergangen ist, Bär. Hast du mich denn jetzt wieder lieb, Maus?
Ich habe dich immer lieb, Bär, auch wenn du manchmal etwas tust, was ich nicht gut finde. Das macht mich zwar traurig, aber es ändert nichts daran, daß ich dein Freund bin.
Ist das mit dem lieben Gott genauso, Maus? Hat er uns auch lieb, wenn wir mal etwas Böses tun? Ja, Bär, da bin ich mir ganz sicher.

Die große Flut

Maus, komm mal schnell her! Wo bist du denn, Bär? Hier draußen vor der Tür!
Aber es regnet doch! Nein, es hat aufgehört. Sieh doch mal, ein Regenbogen.
Sind die Farben nicht wunderschön? Wenn ich nur wüßte, wer sie an den Himmel gemalt hat.
Dazu fällt mir eine Geschichte ein. Komm, wir setzen uns hier gemütlich auf die Bank in die Sonne, und ich erzähl' sie dir:
Vor langer Zeit lebte in einem fernen Land ein Mann, der hieß Noah. Und ihm passierte etwas ganz Besonderes. Die Menschen damals lebten nicht so, wie es Gott gefiel. Sie stritten miteinander, stahlen, führten Kriege und taten viele andere böse Dinge. Aber Noah war anders. Er war ein friedfertiger, guter Mann. Deshalb warnte Gott ihn eines Tages. Es sollte nämlich eine große Überschwemmung kommen, in der alles Lebendige ertrinken würde.
Nur Noah und seine Familie wollte Gott retten. Sie sollten sich ein großes Schiff bauen, in dem sie die Flut überleben würden.

Alle halfen mit. Sie fällten Bäume und zimmerten daraus die Arche. Die Arche? Was ist das denn, Maus? Das war der Name des Schiffes. Arche bedeutet „Kasten". Ich stelle mir eine solche Arche wie ein riesengroßes Hausboot vor.
Und warum so groß? Es sollte doch nur Noahs Familie mitfahren, Maus? Nein, Bär. Gott wollte auch die Tiere retten. Deshalb befahl er Noah, von jeder Tierart ein Männchen und ein Weibchen mit an Bord zu nehmen. Verstehe! Und weil die Dinosaurier nicht hineinpaßten, gibt es sie heute nicht mehr, stimmt's, Maus?
Nein, Bär. Als Noah lebte, gab es schon längst keine Dinos mehr. Sie waren doch schon ausgestorben, lange bevor es Menschen auf der Erde gab.
Ach ja, das habe ich doch glatt vergessen.
Also weiter: Nach viel Mühe und Arbeit war das Boot schließlich fertig. Noah, seine Frau, seine Kinder und deren Männer und Frauen und die vielen Tiere stiegen ein.

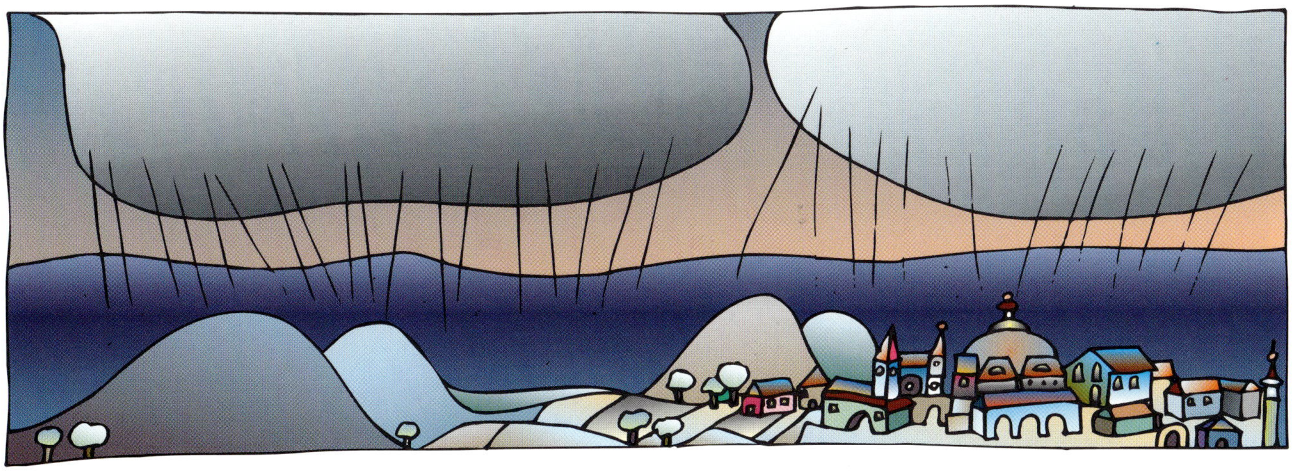

Es dauerte noch eine Weile, aber dann ging es los: Am Himmel zogen dunkle Regenwolken auf. Zuerst tröpfelte es nur sacht, doch schon bald kam ein gewaltiger Sturm auf, und ein schwerer Regen ging nieder. Das Wasser stieg und stieg.
Bald waren die höchsten Berge unter den gewaltigen Wassermassen verschwunden. Alles ging darin unter, Städte, Felder, Menschen und Tiere. Nur die Arche schwamm auf dem Wasser, und Noah und seine Familie waren sicher darin. Wochenlang regnete es ununterbrochen.
Da sind die armen Tiere ja alle verhungert, Maus? Nein, Bär. Natürlich war auch Futter an Bord. Noah hatte an alles gedacht. Und als das Wasser schließlich sank, blieb die Arche auf einem hohen Berg liegen. Noah überlegte, ob sie schon aussteigen sollten. Vorsichtshalber ließ er eine Taube ausfliegen. Er dachte, wenn sie keinen trockenen Platz finden würde, käme sie bestimmt wieder zurück.
So war es dann auch. Die Taube kam zurück, und Noah wußte, daß er noch ein paar Tage warten mußte. Erst als er die Taube zum drittenmal losschickte, kam sie nicht wieder zurück. Jetzt konnten auch alle anderen aussteigen. Stell dir nur vor, wie froh sie waren, endlich wieder die Sonne zu sehen und frische Luft zu atmen.
Und sich mal wieder so richtig auszutoben, Maus. Ja, aber sie vergaßen in ihrer Freude auch nicht, wer sie vor der schlimmen Flut beschützt hatte, und sie dankten Gott für ihre Rettung. Sag mal, Maus, wolltest du mir nicht eigentlich eine Geschichte vom Regenbogen erzählen? Ich bin ja noch gar nicht fertig, Bär:

Als nach der Flut die Sonne erstrahlte, erschien am Himmel ein großer bunter Regenbogen. Er sollte ein Zeichen dafür sein, daß Gott wieder Freundschaft mit den Menschen schließen wollte.

Dann malt also der liebe Gott die schönen
Farben an den Himmel?
Nein, Bär, wir müssen uns Gott nicht wie einen
Maler mit Farbtopf und Pinsel vorstellen.
Der Regenbogen erinnert uns nur an ihn.
Daran, daß er unser Freund sein will?
Genau, Bär.
Da bin ich aber froh, daß ich zwei so tolle
Freunde habe, dich, Maus, und den lieben Gott.

Der Turm von Babel

Was machst du denn da, Bär? Ich habe ja schon seit einer halben Stunde nichts mehr von dir gehört.
Stör mich bitte nicht, Maus, ich baue gerade einen Riesenturm. Der sieht ja wirklich toll aus.
Aber ein bißchen wackelt er schon, oder?
Ach was! Wart's nur ab, Maus, den baue ich bis zur Zimmerdecke hoch.
Das wird der riesigste, beste und phantastischste Superturm der Welt.
Na, dann bau mal schön weiter, Bär.
Warum schmunzelst du denn plötzlich so, Maus? Du glaubst wohl nicht, daß ich das schaffe? Ich mußte nur gerade daran denken, daß schon einmal Menschen versucht haben, den größten Turm der Welt zu bauen.
Und, haben sie's geschafft, Maus?
Nein, Bär! Warum denn nicht? Erzähl mal! Das war so:

Vor langer Zeit in einem fernen Land zogen die Menschen mit ihren Viehherden umher und lebten in Zelten.
Aber eines Tages beschlossen sie, eine Stadt zu bauen. Sie wollten lieber geschützt und sicher mit anderen zusammenleben. Es wurden Ziegel und Backsteine gebrannt, und die Maurerarbeiten konnten beginnen. Alle halfen begeistert mit.

Auch einen Turm sollte es in der Stadt geben, und zwar so groß, wie ihn noch keiner gesehen hatte. Er sollte sie in aller Welt berühmt machen. Sie schufteten und schwitzten, und je höher der Turm wurde, um so wilder bauten sie drauflos. Dabei bemerkten sie gar nicht, wie sie immer eingebildeter wurden.
Einige dachten sogar: „Wir bauen unseren Turm bis in den Himmel hinein, damit wir groß und mächtig sind wie Gott." Maus, du hast mir doch mal erzählt, daß Gott überall ist und nicht irgendwo im Himmel über den Wolken sitzt. Die Menschen damals dachten sich das aber so, Bär, und deshalb bauten sie immer weiter.
Doch dann passierte es: Die Erde bebte, und der Turm stürzte mit einem gewaltigen Krachen ein. Stell dir nur vor, wie enttäuscht die Leute waren. Aber damit nicht genug.

Es kam noch schlimmer. Als sie an die Arbeit gingen, um ihren Turm zu reparieren und wieder weiterbauen wollten, konnten sie einander plötzlich nicht mehr verstehen. Wenn einer sagte: „Hol mir die Leiter!", verstand der andere: „Gib mir einen Ziegel!" Wie sollten sie bei diesem Durcheinander weiterhin zusammenarbeiten? Wie konnte so etwas denn passieren, Maus? Das haben sich die Leute damals auch gefragt, Bär. Einige sagten: „Wir haben einen großen Fehler gemacht. Wir wollten größer und mächtiger sein als Gott. Jetzt hat er uns dafür bestraft." Bald gaben die Menschen auf. Die Stadt mit ihrem Turm blieb unfertig stehen und wurde später „Babel" genannt, denn das ist hebräisch und bedeutet auf deutsch Verwirrung.

Und wie konnten sie dann wieder miteinander reden, Maus? Das konnten sie gar nicht mehr, Bär. Deshalb trennten sie sich und gingen in andere Städte und Länder. Sie waren traurig, denn anfangs hatten sie sich doch so gut miteinander verstanden. Aber dann war ihnen ihre Berühmtheit wichtiger geworden als alles andere, und sie bemerkten nicht, wie sie dadurch ihren Zusammenhalt und ihre Freundschaft verloren.
Jetzt weiß ich gar nicht, ob ich meinen Turm überhaupt weiterbauen soll, Maus.
Bau nur weiter, Bär. Solange du bei der Zimmerdecke aufhörst, kann wohl nichts passieren. Also gut. Ganz vorsichtig und.....
....bautz!!!

Josef und seine Brüder

Na, Bär, du siehst ja ganz traurig aus! Ich bin nicht traurig, Maus! Ich bin wütend, furchtbar wütend! Und warum bist du so furchtbar wütend, Bär? Na, weil die anderen mich nicht mitspielen lassen. Sie haben gesagt, beim Mensch-ärgere-dich-nicht können nur vier Leute mitspielen. Wie findest du denn das, Maus? Deine Freunde haben recht, Bär. Mensch-ärgere-dich-nicht ist nun mal ein Spiel für vier. Ach was, die haben doch nur Angst, daß ich gewinne. Weißt du, Maus, ich gewinne nämlich immer! Aber wart's nur ab, wenn die mal wieder was von mir wollen, dann bin ich auch so gemein. Dann werden sie schon sehen, wie das ist.

Ich will dir eine Geschichte erzählen:
Im Lande Kanaan lebte einmal ein Mann, der hieß Jakob. Er hatte zwölf Söhne. Sein zweitjüngster Sohn hieß Josef, und Jakob liebte ihn ganz besonders. Während seine großen Brüder die Viehherden ihres Vaters hüten mußten, durfte Josef meist zu Hause beim Vater bleiben. Das machte seine Brüder natürlich eifersüchtig und neidisch. „Unser Vater ist ungerecht", sagten sie, „immer zieht er Josef uns vor." Als sie wieder einmal die Tiere ihres Vaters hüteten, sahen sie von weitem ihren Bruder Josef kommen. Er sollte nachsehen, ob auf der Weide alles in Ordnung war. Als sie ihn erblickten, sagte einer: „Seht nur, da kommt ja Papas Liebling! Los, dem werden wir's zeigen. Das ist eine günstige Gelegenheit. Hier draußen merkt das doch keiner."

Und als Josef bei ihnen angekommen war, stürzten sie sich auf ihn und warfen ihn in ein ausgetrocknetes Wasserloch. Das war aber sehr gemein! Zehn Große gegen einen Kleinen. Warte, Bär, es kommt noch schlimmer: Sie überlegten gerade, was sie mit Josef tun sollten, als eine Gruppe von Kaufleuten vorbeigezogen kam. „Hallo", riefen sie, „könnt ihr nicht einen Diener oder einen Knecht gebrauchen? Für zwanzig Silberstücke verkaufen wir euch einen kräftigen jungen Mann."
Die Kaufleute waren einverstanden, bezahlten und nahmen Josef mit.
Seine Brüder aber überlegten, was sie jetzt dem Vater sagen sollten. Sie mußten ihm doch irgendwie erklären, warum Josef so plötzlich verschwunden war.
Da kam ihnen eine Idee. Sie hatten noch Josefs Mantel. Den tauchten sie in Tierblut und nahmen ihn mit nach Hause. „Sieh nur, Vater", sagten sie, „das ist doch Josefs Mantel. Wir haben ihn in der Wüste gefunden. Bestimmt ist unser Bruder von einem wilden Tier angefallen und aufgefressen worden." Jakob glaubte seinen Söhnen die gelogene Geschichte und weinte tagelang, weil er dachte, sein Lieblingssohn sei tot.

Mann, die waren ja obergemein, Maus. Zuerst verkaufen sie ihren Bruder, und dann lügen sie ihren Vater an. Ich hoffe nur, daß Josef ihnen das später noch einmal heimzahlen konnte. Moment, Bär. Mittlerweile hatten die Kaufleute Josef nach Ägypten mitgenommen und ihn dort weiterverkauft. Wo ist denn Ägypten, Maus?
Ägypten ist ein Land in Nordafrika, Bär. Vielleicht hast du ja sogar schon einmal Bilder von den Pyramiden gesehen. Pyramiden, was ist das denn, Maus?

Das sind ganz großartige Bauwerke. Die Pharaonen, so nannte man die Könige in Ägypten, ließen sie schon zu Lebzeiten als ihre Grabstätten bauen. Weißt du was, Bär, ich male dir hier einmal eine Pyramide auf, dann kannst du dir alles besser vorstellen: Aber erzähl weiter, Maus. Was geschah nun mit Josef in Ägypten?
Da gibt es so viel zu erzählen, daß ich gar nicht weiß, wo ich anfangen soll. Josef erlebte nämlich allerhand. Er wurde sogar ins Gefängnis gebracht, obwohl er gar nichts Böses getan hatte. Als aber nach langer Zeit eine große Hungersnot über das Land kam, ließ der Pharao Josef zu sich holen, denn man hatte ihm schon viel über seine Klugheit und Weisheit erzählt. Und tatsächlich hatte Josef einen Plan, wie man die Menschen vor dem Verhungern retten konnte. Er ließ riesige Kornspeicher bauen und das Getreide sammeln, das in den vergangenen Jahren reichlich gewachsen war. Als dann die Hungersnot am größten war, wurde das Korn an die Menschen verteilt. Niemand brauchte zu verhungern, denn die Vorräte reichten für alle.
Josef wurde vom Pharao beauftragt, den Verkauf des Getreides zu überwachen.
Aber es herrschte nicht nur in Ägypten große Not. Auch im Lande Kanaan hatten die Menschen nichts mehr zu essen. Deshalb machten sich eines Tages zehn junge Männer auf den Weg nach Ägypten, um dort Getreide einzukaufen. Kannst du dir denken, wer sie waren?
Na klar, Maus, das waren Josefs ältere Brüder. Jetzt konnte er sich endlich rächen.

Warte ab, du wirst staunen, Bär:
Josefs Brüder haben ihn zuerst gar nicht erkannt. Aber Josef erkannte sie sofort, und er bemerkte, daß sie sich in der Zwischenzeit geändert hatten. Sie waren nicht mehr so grausam und herzlos wie damals, als sie ihn verkauft hatten. Als er ihnen dann erklärte, daß er ihr Bruder Josef war, erschraken sie sehr. Natürlich konnten sie sich nicht vorstellen, daß er ihnen jemals verzeihen würde. Aber Josef sagte: „Laßt uns vergessen, was früher geschehen ist. Gott hat für mich gesorgt, als es mir schlecht ging. Seht nur, jetzt bin ich ein Freund des Pharao und einer der wichtigsten Männer im Land Ägypten. Geht nach Hause und erzählt es unserem Vater Jakob, und bringt ihn und die ganze Familie nach Ägypten.
Hier wird es euch gutgehen. Ich werde für euch sorgen."
Das war aber sehr lieb von Josef, daß er seinen Brüdern verziehen hat, nach allem, was sie ihm angetan hatten.
Ja, Bär. Und du? Du willst es deinen Freunden heimzahlen, daß sie dich nicht mitspielen lassen. Kannst du nicht auch einmal versuchen zu verzeihen?
Ach, jetzt verstehe ich, warum du mir die Geschichte erzählt hast. Gut, ich will es versuchen, Maus! Eigentlich habe ich sie ja auch alle sehr gern. Und wenn mich dann doch die Wut packt, erinnerst du mich wieder an Josef, ja? Gute Idee, Bär, so machen wir es!

Moses

Ist das schön mit dir hier im warmen Bett, Maus. Wenn ich mich so an dich kuschle und du mir noch ein kleines Gute-Nacht-Lied singst, schlaf ich bestimmt gleich ganz gemütlich ein. Wir haben doch noch gar nicht gebetet, Bär. Das vergißt du doch sonst nicht. Ach, Maus, in letzter Zeit frage ich mich manchmal, ob mich der liebe Gott überhaupt hört. Er antwortet mir ja nie. Woher soll ich denn da wissen, ob es ihn wirklich gibt? Das kann man nicht wissen, Bär. Das kann man glauben und erfahren. Erfahren? Wie geht denn das? Paß auf, ich versuche es dir an einem Beispiel zu erklären:

Im Land Kanaan gab es einmal eine große Hungersnot. Deshalb zogen die Menschen von dort weg in ein anderes Land: nach Ägypten. Das kenne ich ja schon von der Geschichte mit Josef. Das ist doch das Land mit dem Pharao und den Pyramiden, Maus. Genau, Bär! Dann kannst du dich vielleicht auch noch daran erinnern, daß die hungrigen Menschen dort freundlich aufgenommen wurden. Viele Israeliten – so hießen die Leute aus Kanaan – blieben deshalb in Ägypten. Nach vielen Jahren aber kam ein anderer König auf den Thron. Er konnte die Israeliten nicht leiden und ließ sie deshalb als Sklaven harte Arbeit tun. Als was, Maus? Als Sklaven, Bär! Das sind Gefangene, die zu schwerer Arbeit gezwungen werden.

Die Israeliten zum Beispiel mußten in Ägypten beim Bau der großen Pyramiden helfen. Sie wurden von Aufsehern mit Schlägen zur Arbeit angetrieben. Es war ein schreckliches Leben in Ägypten, und die Israeliten hatten nur einen einzigen Wunsch: Sie wollten fliehen und wieder freie Menschen sein. Aber wie?
Die meisten von ihnen waren nicht mutig genug, aber da gab es zum Glück einen Mann namens Moses. Ihn hatte Gott ausgewählt, die Israeliten aus Ägypten wegzuführen in ein Land, das er ihnen zeigen wollte. Als der Pharao davon erfuhr, wurde er böse. Er wollte die Israeliten auf keinen Fall gehen lassen.
Als aber schreckliche Plagen über das Land kamen, Hungersnot und Krankheiten, fürchtete sich der König und sagte: „Diese Plagen hat sicher euer Gott geschickt. Er ist stärker als ich! Geht, geht fort aus meinem Land!"

Die Israeliten feierten ein Freudenfest. Dann packten sie alles rasch zusammen und machten sich auf den Weg, Männer, Frauen, Kinder, Tiere und alles, was sie tragen konnten. Moses führte den langen Zug an, und alle folgten ihm. Als der Pharao davon hörte, bereute er seinen Entschluß. Er ließ seine Soldaten zusammentrommeln, seine Wagen anspannen und nahm die Verfolgung auf.
Die Israeliten waren mittlerweile am Schilfmeer angekommen, das an der Grenze des Landes lag. Als sie bemerkten, daß der Pharao sie nun doch verfolgte, bekamen sie große Angst. Wie sollten sie sich wehren? Gegen dieses riesige Heer bewaffneter Soldaten hatten sie doch überhaupt keine Chance. Aber Moses beruhigte sie: „Wenn Gott uns bis hierher geführt hat, dann wird er uns auch weiterhin beschützen. Habt keine Angst!" Plötzlich kam ein starker Ostwind auf. Er trieb das Wasser des Schilfmeeres so stark zurück, daß der trockene Boden zu sehen war. Nun konnten die Israeliten das Meer durchqueren. Als sie alle sicher am anderen Ufer angekommen waren, ließ der Wind nach, und das Wasser strömte wieder zusammen. So waren die Israeliten gerettet, aber alle Soldaten des Pharao, die ihnen ins Meer folgten, mußten ertrinken. Moses war sicher, daß Gott auf ihrer Seite war und daß sie nur ihm ihre Rettung zu verdanken hatten. Vom Schilfmeer aus führte die Wanderung der Israeliten weiter durch die Wüste. Sie waren jahrelang unterwegs.
In der Wüste? Sind sie da nicht verdurstet, Maus? Ja, Bär, es gab Momente, in denen sie glaubten, sie müßten verhungern und verdursten.

Einige glaubten schon gar nicht mehr daran, daß sie irgendwann einmal in das Land kommen würden, das Gott ihnen versprochen hatte. Aber Moses ermutigte sie immer wieder, auf Gott und seine Hilfe zu vertrauen.Und tatsächlich wurden sie immer wieder gerettet und erreichten schließlich das versprochene Land. Es war das Land Kanaan, das gleiche Land, aus dem ihre Vorfahren vor langer Zeit nach Ägypten weggezogen waren. Auf ihrer weiten Wanderung haben die Israeliten Gottes Hilfe und Schutz erfahren. Das habe ich gemeint, als ich vorhin zu dir sagte, daß man Gott erfahren kann. Versteht du das, Bär? Ja, Maus, ich denke schon. Die Israeliten mußten auf ihrer Reise so viele Abenteuer bestehen, und manchmal hatten sie furchtbare Angst und wußten nicht mehr, wie es weitergehen sollte. Aber der liebe Gott war immer da und hat für sie gesorgt. Stimmt, Bär! Weißt du auch, wie sie ihn deshalb nannten? Sie nannten ihn „Jahwe."
Das ist ein hebräisches Wort und bedeutet:
Ich-bin-da-für-euch!
Das ist aber auch ein sehr schöner Name für den lieben Gott.

Weißt du was, Maus? Ich hab's mir überlegt. Ich werde doch noch beten, bevor ich einschlafe: „Lieber Ich-bin-da-für-euch!" Ich freue mich, daß du immer bei uns bist. Beschütze uns auch heute nacht, alle meine Freunde, die Maus, den Maulwurf, den Frosch, den Schmetterling... Ach, ich kann gar nicht alle aufzählen, aber du weißt schon Bescheid! Lieber Gott, gute Nacht!

David und Goliath

Bist du nicht mit deinen Freunden zum Spielen verabredet, Bär? Nein, Maus, heute nicht! Das ist ja ganz was Neues. Ihr trefft euch doch sonst jeden Nachmittag im kleinen Wald. Jetzt nicht mehr. Da stimmt doch etwas nicht, Bär. Habt ihr etwa Streit gehabt? Erzähl doch mal, vielleicht kann ich dir helfen. Nein, da kannst du auch nichts dran ändern, der ist viel zu stark. Wer denn, Bär? Na, der Neue, ein junger Fuchs. Er hat gesagt, daß wir im kleinen Wald nichts zu suchen haben, weil das jetzt sein Spielplatz ist.

Das ist doch Unsinn. Dort ist doch Platz genug für alle. Das haben wir auch gesagt, aber dann hat er so böse die Zähne gefletscht, daß wir ganz schnell weggelaufen sind. Du glaubst gar nicht, wie stark der ist. Dagegen bin ich so klein und schwach, ein Minibär, ein Garnichts. Aber Bär, du weinst ja. Komm mal her und kuschel' dich an mich. Ich erzähle dir jetzt etwas, das dir vielleicht Mut machen kann:
In Israel lebte einmal ein Hirtenjunge, der hieß David.

Er wurde als erwachsener Mann der König des Landes, aber die Geschichte, die ich dir jetzt erzähle, passierte, als er noch sehr jung war. Der kleine David mußte seinem Vater schon tüchtig helfen, denn seine großen Brüder wurden vom König als Soldaten gebraucht. Es waren nämlich Feinde ins Land eingedrungen, die Dörfer niederbrannten, raubten und mordeten.

So mußte also der kleine David die Schafe und Rinder seines Vaters hüten. Oft war er tagelang alleine draußen auf der Weide. Das war nicht ungefährlich, denn es gab wilde Tiere, gegen die er seine Herde verteidigen mußte. Als Waffe hatte er immer eine kleine Steinschleuder dabei. Damit konnte er sehr gut umgehen. Einmal schickte der Vater David zu den Soldaten, um den Brüdern Essen und Grüße von zu Hause zu bringen. David beobachtete den Kampf.

Die feindlichen Soldaten waren viel stärker und hatten gute Waffen. Außerdem war unter ihnen ein riesiger Kämpfer, der noch niemals besiegt worden war. Er hieß Goliath. Gerade trat er vor und rief: „Schaut her, ich bin der Stärkste! Wer von euch Feiglingen traut sich, gegen mich zu kämpfen?
Wenn ihr einen findet, der mich besiegt, werden wir euer Land verlassen!"
Alle schauten ängstlich zu Goliath auf, und natürlich hatte keiner den Mut, gegen ihn anzutreten. Nur der kleine David hatte keine Angst. „Laßt mich gegen ihn kämpfen", bat er den König. Der König zögerte, denn schließlich war David fast noch ein Kind.
Aber David ließ sich nicht zurückhalten.
Er nahm seine Schleuder und einige Steine und trat Goliath mutig entgegen.
Mutig nennst du das, Maus? Ich würde eher sagen, das war ganz schön dumm. Gegen den Riesenkerl hatte er doch keine Chance.

Das dachte Goliath auch, und er lachte David aus. Aber er war auch ein bißchen überrascht, wo dieser Knirps den Mut hernahm.
Diesen Moment der Verwirrung nutzte David. Schnell schleuderte er einen Stein auf Goliath, so daß dieser zu Boden fiel.
Goliaths Freunde erschraken und liefen schnell davon.
David aber wurde von allen bewundert.
„So klein und doch so mutig", dachten sie alle.
Doch David wußte, daß Gott ihm den Mut und die Kraft geschenkt hatte, so zu handeln.

Ach, wenn ich doch auch so mutig und tapfer sein könnte, Maus.
Das kannst du, Bär. Also gut, gleich morgen baue ich mir eine Schleuder und dann... Moment mal, Bär.
Du könntest doch erst mal versuchen, mit dem jungen Fuchs zu reden.
Vielleicht ist er ja gar nicht so stark und gemein, wie du glaubst.
Außerdem hat die Geschichte dir gezeigt, daß es im Leben nicht immer auf körperliche Stärke ankommt.
Du hast wohl recht, Maus. Ich werde es versuchen. Aber wenn mich dann doch wieder die Angst packt, was mache ich denn dann?
Denk nur immer an David, Bär.
Ich bin sicher, du wirst es schaffen.

Daniel in der Löwengrube

Maus, glaubst du, ich werde wieder gesund? Natürlich, Bär! Du mußt nur ein paar Tage im Bett bleiben und schön brav deine Medizin nehmen. Ja, Maus. Und versprich mir, nie wieder solche Dummheiten zu machen. Erst gestern habe ich dir erklärt, daß der See noch nicht richtig zugefroren ist. Wie konntest du dich da nur auf das dünne Eis wagen? Da hast du mal wieder einen Schutzengel gehabt! Schutzengel? Und ich dachte, es war der Biber, der mich da wieder rausgefischt hat. Komisch, der hatte doch gar keine Flügel. Schutzengel müssen ja auch keine Flügel haben, Bär. Aber ich habe doch schon jede Menge Engel auf Bildern gesehen, die hatten immer Flügel, Maus. Ich denke, ich sollte dir einmal etwas über Engel erzählen, Bär. Wie du meinst, Maus. Aber etwas Spannendes wäre mir eigentlich lieber. Warte mal, es gibt so viele Geschichten von Engeln. Vielleicht fällt mir ja eine spannende ein. Ich hab's – die Geschichte von Daniel in der Löwengrube:

In Babel regierte einmal ein mächtiger König, der viele Kriege führte. Einmal eroberte er mit seinen Soldaten die Stadt Jerusalem. Sie nahmen viele Menschen gefangen und verschleppten sie nach Babel. Einer von ihnen hieß Daniel. Der König bemerkte bald, daß Daniel sehr klug war, und deshalb ließ er sich in vielen Dingen von ihm beraten und machte ihn bald sogar zu einem Obervorsteher in seinem Land. Andere gelehrte Männer waren daher aber neidisch und eifersüchtig auf Daniel und überlegten, wie sie ihn aus dem Weg schaffen könnten.

Sie gingen zum König und sagten: „Herr, du solltest ein Gesetz erlassen, daß jeder in deinem Reich nur dich anbeten darf. Wer dieses Gesetz nicht achtet, soll in die Löwengrube geworfen werden." Dem König gefiel diese Idee, und sofort schrieb er das neue Gesetz nieder und unterzeichnete es. Daniels Feinde aber wußten, daß die Leute aus Israel nur einen einzigen Gott verehrten und niemals andere Götter oder gar Menschen anbeten würden. Und erst recht nicht Daniel, denn er war ein sehr frommer Mann. Nun schlichen sie heimlich zu Daniels Haus und beobachteten, wie er weiterhin zu Gott betete. Genau das hatten sie erwartet. Sofort berichteten sie es dem König und verlangten, Daniel müsse den Löwen zum Fraß vorgeworfen werden. Das wollte der König bestimmt nicht, schließlich war Daniel doch sein Freund, oder, Maus? Ja, der König mochte Daniel wirklich sehr, und er hätte ihn gerne beschützt. Aber was konnte er denn tun? Er hatte das Gesetz niedergeschrieben und konnte es jetzt nicht mehr zurücknehmen. Also wurde Daniel tatsächlich zur Löwengrube gebracht. Maus, wie schrecklich, von Löwen bei lebendigem Leibe aufgefressen zu werden.
Der arme Daniel!

Zum Abschied umarmte der König seinen Freund noch einmal und sagte zu ihm: „Ich hoffe, dein Gott, zu dem du immer so treu gebetet hast, wird dich retten." Dann ging er zurück in seinen Palast. Er konnte weder essen noch trinken und fand die ganze Nacht über keine Ruhe. Immer wieder mußte er an Daniel denken, und gleich bei Sonnenaufgang lief er zur Löwengrube, um nach ihm zu sehen.
Von dem war sicher nicht mehr viel übrig, Maus. Du wirst staunen, Bär: Daniel saß gesund und munter zwischen all den Löwen. Sie hatten ihm kein Haar gekrümmt. Das glaubst du doch wohl selbst nicht, Maus. Doch, so war es, Bär. Der König war genauso überrascht wie du jetzt. Aber Daniel erklärte es ihm und sagte: „Gott hat mir einen Engel geschickt, der mich beschützt hat." Der König freute sich sehr über Daniels Rettung, und noch am gleichen Tag ließ er überall in seinem Königreich verkünden: „Von nun an soll jedermann den Gott Daniels verehren, denn er hat ein großes Wunder getan und meinen Freund gerettet." Du, Maus, vielleicht war es ja gar kein Engel. Vielleicht waren die Löwen einfach schon zu sattgefressen und hatten keinen Appetit auf Daniel. Ja, Bär, vielleicht war es nur ein Zufall.
Aber für Daniel war es das nicht. Er war sich ganz sicher, daß Gott es war, der ihn gerettet hatte. Das meinte er auch, als er vom Engel sprach. „Gott hat mir einen Engel geschickt" bedeutet ganz einfach: „Gott hat mir Hilfe geschickt."

Und du meinst, bei meinem Unfall heute nachmittag war das auch so?
Ja, ich glaube, daß Gott bei dir war, um dich zu beschützen.
Das habe ich gemeint, als ich zu dir sagte:
„Da hast du ja mal wieder einen Schutzengel gehabt."
Hat eigentlich jeder so einen Schutzengel, Maus? Natürlich, Bär, jeder.
Dann verstehe ich aber nicht, warum mein Freund, der kleine Hase, letzten Sommer von einem Auto angefahren worden ist. Weißt du das noch, Maus? Wir waren alle so schrecklich traurig. Warum hat denn der liebe Gott nicht besser auf ihn aufgepaßt?
Das ist wohl eine der schwierigsten Fragen, die es überhaupt gibt, Bär. Warum läßt Gott Unfälle, Kriege und all die schlimmen Dinge zu, die es auf dieser Welt gibt? Das habe ich mich auch schon oft gefragt. Aber leider habe ich darauf noch keine Antwort gefunden. Laß uns doch einmal gemeinsam über diese schwierige Frage nachdenken, wenn du wieder richtig gesund bist.

Gut, Maus. Und jetzt schlafe ich erst mal eine Runde, denn dann geht das Gesundwerden noch viel schneller, stimmt's?
Stimmt, Bär. Schlaf schön!